Ernst Probst

AF151898

Die Unstrut-Gruppe

Eine Kultur der Bronzezeit von etwa 1300/1200 bis 800 v. Chr.

Ernst Probst

Die Unstrut-Gruppe

Eine Kultur der Bronzezeit von etwa 1300/1200 bis 800 v. Chr.

GRIN Verlag

Bibliografische Information der Deutschen Nationalbibliothek: Die Deutsche Bibliothek verzeichnet diese Publikation in der Deutschen Nationalbibliografie; detaillierte bibliografische Daten sind im Internet über http://dnb.d-nb.de/ abrufbar.

1. Auflage 2011
Copyright © 2011 GRIN Verlag GmbH
http://www.grin.com
Druck und Bindung: Books on Demand GmbH, Norderstedt Germany
ISBN 978-3-656-05468-9

Metallhandwerker aus der Bronzezeit
beim Schleifen eines Schwertes.
Ausschnitt aus einer Zeichnung
von Friederike Hilscher-Ehlert, Königswinter,
für das Buch »Deutschland in der Bronzezeit« (1996)
von Ernst Probst

Ernst Probst

Die Unstrut-Gruppe

Eine Kultur der Bronzezeit
von etwa 1300/1200 bis 800 v. Chr.

Widmung

So genannte »reiche Frau« der Urnenfelder-Kultur
auf einer von dem Münchener Historienmaler
und Altertumsforscher Julius Naue (1832–1907)
geschaffenen historischen Trachtenrekonstruktion

Inhalt

Vorwort

Eine Kultur, die von etwa 1300/1200 bis 800 v. Chr. im Bereich der Unstrut bis zum Südharz existierte, steht im Mittelpunkt des Taschenbuches »Die Unstrut-Gruppe«. Ihr Kerngebiet war im Thüringer Becken. Einige Fundorte liegen im Fuldaer Becken in Nordhessen. Geschildert werden die Siedlungen, die Kleidung, der Schmuck, die Keramik, die Werkzeuge, die Waffen, das Verkehrswesen, der Handel und die Religion der damaligen Ackerbauern, Viehzüchter und Bronzegießer.

Verfasser dieses Taschenbuches ist der Wiesbadener Wissenschaftsautor Ernst Probst. Er hat sich vor allem durch seine Werke »Deutschland in der Urzeit« (1986), »Deutschland in der Steinzeit« (1991) und »Deutschland in der Bronzezeit« einen Namen gemacht.

Das Taschenbuch »Die Unstrut-Gruppe«« ist Dr. Rolf Breddin, Professor Dr. Claus Dobiat, Professor Dr. Markus Egg, Professor Dr. Hans-Eckart Joachim, Professor Dr. Albrecht Jockenhövel, Professor Dr. Horst Keiling, Professor Dr. Rüdiger Krause, Dr. Friedrich Laux, Professor Dr. Berthold Schmidt, Dr. Klaus Simon und Dr. Otto Mathias Wilbertz gewidmet, die den Autor mit Rat und Tat bei den Recherchen über Kulturen der Spätbronzezeit unterstützt haben.

Der dänische Archäologe
Christian Jürgensen Thomsen (1788–1865)
hat 1836 die Urgeschichte
nach dem jeweils am meisten verwendetem Rohstoff
in drei Perioden eingeteilt:
Steinzeit, Bronzezeit und Eisenzeit.

PAUL REINECKE,
geboren am 25. September 1872
in Berlin-Charlottenburg,
gestorben am 12. Mai 1958 in Herrsching.
Er wirkte 1897 bis 1908
am Römisch-Germanischen Zentralmuseum
in Mainz. 1908 bis 1937
war er Hauptkonservator
am Bayerischen Landesamt
für Denkmalpflege in München.
1917 wurde er kgl. Professor.
Reinecke teilte 1902 die Bronzezeit
in die Stufen A bis D ein.
1902 sprach er von der Straubinger Kultur
sowie von der Grabhügelbronzezeit
und später von der Hügelgräber-Bronzezeit.

Die Spätbronzezeit in Deutschland

Abfolge und Verbreitung der Kulturen und Gruppen

Heute ordnet man der Spätbronzezeit außer den Stufen Hallstatt A und B (etwa 1200 bis 800 v. Chr.) auch die Bronzezeit D (etwa von 1300 bis 1200 v. Chr.) zu, die vorher als letzte Stufe der Mittelbronzezeit galt. Die Stufenbezeichnung und Inhalte der Bronzezeit D, Hallstatt A und B entsprechen weitgehend der 1902 vorgenommenen Gliederung des damals in Mainz arbeitenden Prähistorikers Paul Reinecke (1872–1958). Als die wichtigsten damaligen Kulturen in Deutschland gelten die Urnenfelder-Kultur, die Lausitzer Kultur und die nordische Bronzezeit, die sämtlich besonders große Gebiete einnahmen. Daneben gab es etliche kleinere Kulturen und Gruppen.

Baden-Württemberg, Bayern, das Saarland, Rheinland-Pfalz, Hessen, Teile Nordrhein-Westfalens (Niederrheinische Bucht) und Südthüringens gehörten von etwa 1300/1200 bis 800 v. Chr. zum Bereich der Urnenfelder-Kultur.[1] Diese war im Raum nördlich der Alpen verbreitet.

Im Niederrheinischen Tiefland Nordrhein-Westfalens existierte von etwa 1200 bis 750 v. Chr. die Niederrheinische Grabhügel-Kultur, eine Untergruppe der Urnenfelder-Kultur.

13

Karte auf Seite 15:

Verbreitung der Kulturen und Gruppen
während der Spätbronzezeit
(etwa 1300/1200 bis 800 v. Chr.)
in Süddeutschland und der mittleren Bronzezeit
in Norddeutschland

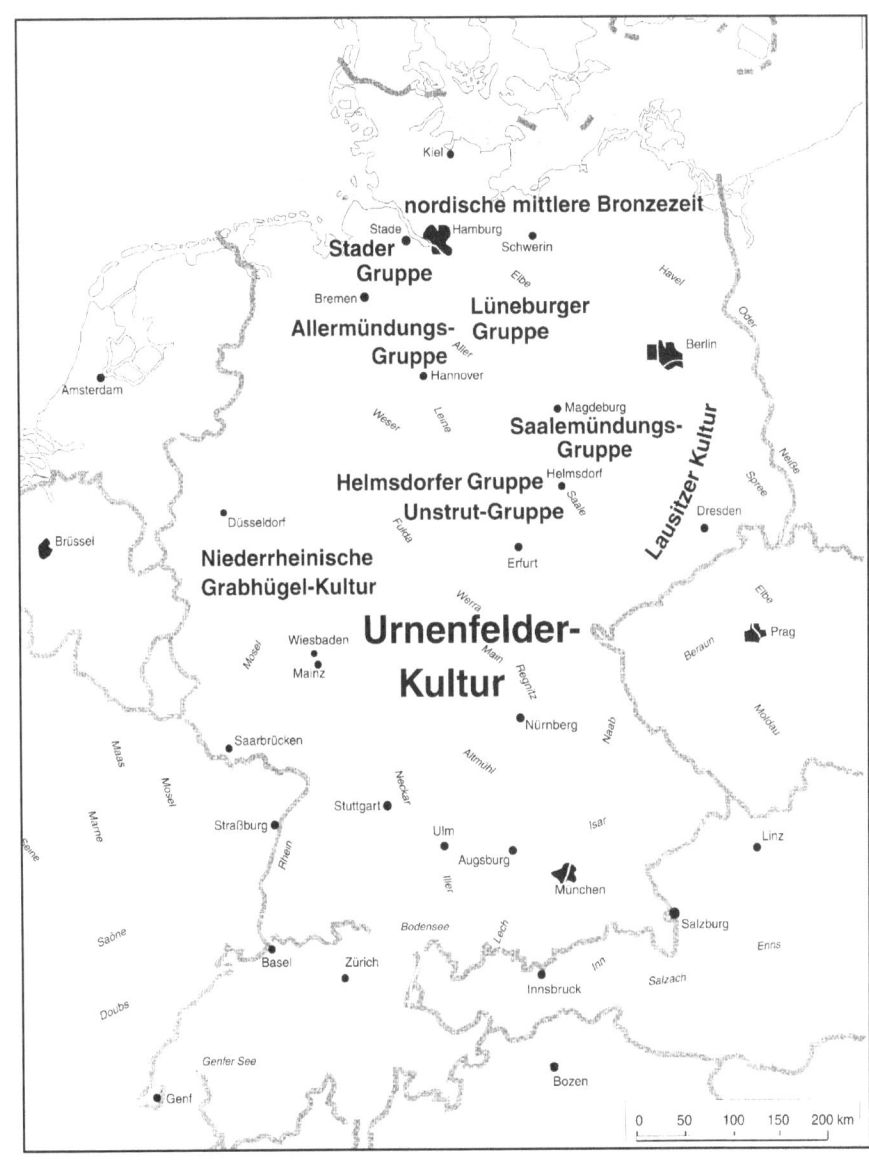

Für Norddeutschland gilt die bronzezeitliche Chronologie des schwedischen Prähistorikers Oscar Montelius (1843–1921). Ihr zufolge wird in Niedersachsen, Schleswig-Holstein, Mecklenburg-Vorpommern und im nördlichen Brandenburg die Zeit von etwa 1200 bis 1100 v. Chr. als mittlere Bronzezeit (Periode III) und die Zeit von etwa 1100 bis 800 v. Chr. als jüngere Bronzezeit (Perioden IV und V) bezeichnet. Die durch das Kulturgefälle in der Frühbronzezeit zwischen dem Süden und dem Norden bewirkte Phasenverschiebung von Bronzezeitstufen setzt sich also terminologisch fort.

In die mittlere Bronzezeit fallen in Niedersachsen die Lüneburger Gruppe, die Allermündungs-Gruppe und die Stader Gruppe, letztere aber nur noch mit wenigen sicher datierbaren archäologischen Funden.

In der jüngeren Bronzezeit gab es in Niedersachsen ebenfalls eine Anzahl von Regionalgruppen, so die Lüneburger Gruppe, die Stader Gruppe und die Ems-Hunte-Gruppe. In anderen Landstrichen Niedersachsens spricht man nur allgemein von der jüngeren Bronzezeit, obschon auch hier Ansätze für eine regionale Gliederung erkennbar sind.

In Schleswig-Holstein, Mecklenburg-Vorpommern, im Stader Bereich (Niedersachsen) und im nördlichen Brandenburg behauptete sich von etwa 1200 bis 1100 v. Chr. die nordische mittlere Bronzezeit und von etwa 1100 bis 800 v. Chr. die nordische jüngere Bronzezeit. Das Zentrum der nordischen Bronzezeit lag in Skandinavien.

Im Thüringer Becken existierte von etwa 1300/1200 bis 800 v. Chr. die Unstrut-Gruppe (s. S. 19). Etwa zur gleichen Zeit gab es in Sachsen-Anhalt die Helmsdorfer Gruppe und die Saalemündungs-Gruppe.

Sachsen und das südliche Brandenburg zählten von etwa 1300/1200 bis 500 v. Chr. zur Lausitzer Kultur und zum Kreis ihrer Nachfolgekulturen, zum Beispiel Billendorfer Kultur und Hausurnen-Kultur. Die Lausitzer Kultur war damals in Osteuropa heimisch.

WILHELM ALBERT VON BRUNN,
*geboren am 17. September 1911 in Köthen/Anhalt,
gestorben am 8. Mai 1988 in Wiesbaden.
Er arbeitete 1938 bis 1947
am Landesmuseum Halle/Saale,
1951 bis 1961 am Institut für Vor- und Frühgeschichte
der Deutschen Akademie der Wissenschaften zu Berlin,
danach bis 1964 am Institut
für Ur- und Frühgeschichte der Universität Kiel
und darauf bis 1979 an der Universität Gießen.
Er schlug 1943 den Begriff
Unstrut-Gruppe vor.*

Geschirr und Menschen
als Opfergaben

Die Unstrut-Gruppe

Zu den selbständigen Kulturen der Spätbronzezeit in Mitteldeutschland gehörte die nach dem gleichnamigen thüringischen Fluss benannte Unstrut-Gruppe. Sie ist aus der mittelbronzezeitlichen Hügelgräber-Kultur hervorgegangen und wurde dabei stark von der Urnenfelder-Kultur geprägt. Den Begriff Unstrut-Gruppe hat 1943 der damals am Landesmuseum Halle/Saale wirkende Prähistoriker Wilhelm Albert von Brunn (1911–1988) vorgeschlagen.

Manche Prähistoriker verwenden statt dessen den Namen Walterslebener Gruppe, der sich auf das Gräberfeld von Erfurt-Walersleben in Thüringen bezieht. Von der Walterslebener Gruppe hat 1928 als erster der Studienrat und Altertumsforscher Ernst Lehmann (1893–1950) aus Erfurt gesprochen. Nicht durchzusetzen vermochten sich die etwas umständlich klingenden Bezeichnungen »Kultur des Friedhofes auf dem Erfurter Flughafen«[1] und »Kultur der thüringischen Steinpackungsgräber«[2].

Die Unstrut-Gruppe war von etwa 1300/1200 bis 800 v. Chr. im Bereich der Unstrut bis zum Südharz verbreitet. Ihr Kerngebiet lag im Thüringer Becken, wo sich der fruchtbare Lößboden gut für den Ackerbau

*Der Studienrat und Altertumsforscher
Ernst Lehmann (1893–1950) aus Erfurt
hat 1928 den Begriff
Walterslebener Gruppe in die Literatur eingeführt.
Diese Bezeichnung bezieht sich
auf das spätbronzezeitliche
Gräberfeld Erfurt-Waltersleben.*

eignete. Einige Fundorte befinden sich im Fuldaer Becken in Nordhessen.

Die Unstrut-Gruppe hatte Kontakt zu benachbarten Kulturen und wurde von diesen mehr oder minder stark beeinflusst. Im Südwesten Thüringens wirkte sich – nach Erkenntnissen des Jenaer Prähistorikers Karl Peschel – zunächst die westböhmisch-ostbayerische Urnenfelder-Kultur in wesentlicher Weise aus. Sie formte die Unstrut-Gruppe mit und prägte den am Oberlauf der Saale und der Weißen Elster heimischen Zweig der Lausitzer Kultur zur Osterländischen Gruppe, die sich schätzungsweise 250 Jahre lang behauptete.

Später gerieten der Westen und die Mitte Thüringens in den Einflussbereich der untermainisch-schwäbischen Gruppe der Urnenfelder-Kultur und schließlich von deren niederhessischer Randzone. Damals verschmolzen mitunter die Formen und Verzierungen der Keramik der Unstrut-Gruppe und der niederhessischen Urnenfelder-Kultur.

Im Nordosten Thüringens jenseits von Helme und Unstrut ging die Unstrut-Gruppe in die Helmsdorfer Gruppe über. Diese Gemeinschaft war im östlichen und nördlichen Harzvorland von Sachsen-Anhalt ansässig. Obwohl sich die Menschen der Unstrut-Gruppe und der erwähnten Osterländischen Gruppe der Lausitzer Kultur in Tracht und Kult unterschieden, vermischten sich beide in Ostthüringen. Zudem standen die Unstrut-Leute in Verbindung zur böhmischen Knovízer Kultur und praktizierten wie diese die Leichenzerstückelung.

Die Kleidung der Unstrut-Leute wurde mit Webstühlen angefertigt. Von einem solchen stammen 24 Webgewichte von 15 bis 18 Zentimeter Länge, die zusammen mit Keramikresten in einer Siedlungsgrube von Weimar-Belvedere geborgen wurden. Von der Kleidung selbst ist nur das Zubehör in Form bronzener Knöpfe mit rückwärtiger Öse sowie der Ei-, Rollenkopf-, Plattenkopf- und Vasennadeln, mit denen das Obergewand zusammengehalten wurde, erhalten.

Die bronzenen Rasiermesser der Unstrut-Gruppe haben teilweise einen kurzen, dreigeteilten Griff. In Kunitz (Stadt Jena) gelangte ein Rasiermesser aus Bronze nur halbiert ins Grab.

Reste von unbefestigten Siedlungen im Flachland wurden neben anderen in Erfurt-Nord[3] und in Weimar-Belvedere[4] entdeckt. Ihre Bewohner waren Ackerbauern und Viehzüchter.

In Erfurt-Nord kamen auf dem Gelände einer Kiesgrube Keller-, Abfall- und Feuergruben sowie Pfostenlöcher zum Vorschein. Die dortigen Abfallgruben enthielten Keramikreste, Speiseabfälle, Haustierknochen und Geräte. Ernst Lehmann hat 1929 diese Siedlungsrelikte irrtümlich der Knovízer Kultur zugerechnet, weil er darunter deren Keramik zu erkennen glaubte.

In Weimar-Belvedere konnten Gruben, Pfostenlöcher, Hüttenlehm, Webgewichte, Keramikreste, Tierknochen und eine bronzene Rollenkopfnadel ausge-graben werden. Die dortigen Keramikfragmente stammen von Terrinen, Doppelkoni, Eitöpfen, Tassen, Schalen und Vorratsgefäßen.

Auch auf Bergen haben unbefestigte Siedlungen der Unstrut-Gruppe gelegen. Das war auf dem Felsenberg bei Pößneck-Öpitz[5] (Saale-Orla-Kreis) und auf dem Gleitsch bei Saalfeld[6] (Kreis Saalfeld-Rudolfstadt) der Fall. In beiden Höhensiedlungen hielten sich Angehörige sowohl der Unstrut- als auch der Osterländischen Gruppe der Lausitzer Kultur auf.

Befestigte Höhensiedlungen sind von Menschen der Unstrut-Gruppe auf dem Alten Gleisberg (Mönchsberg) bei Graitschen[7] (Saale-Holzland-Kreis), auf dem Jenzig bei Jena-Wenigenjena[8] und auf dem Johannisberg bei Jena-Lobeda[9] in Thüringen sowie auf der Altenburg bei Nebra/Unstrut[10] (Burgenlandkreis) in Sachsen-Anhalt errichtet worden. Die ebenfalls bei Jena liegende Befestigung auf dem Dohlenstein[11] wurde nur von Leuten der erwähnten Osterländischen Gruppe der Lausitzer Kultur bewohnt. Solche »Burgen« deuten auf unruhige Zeiten und kriegerische Auseinandersetzungen hin. Daneben werden sie aber auch als Handwerker- und Handelszentren betrachtet.

Die Höhensiedlung auf der Altenburg bei Nebra/Unstrut war mit einem Graben und mit einem Wall befestigt. Diese Wallburg wurde durch die damals in Halle/Saale arbeitenden Prähistoriker Volker Töpfer (1908–1989) und Dietrich Mania untersucht.

Im thüringischen Ichtershausen (Ilm-Kreis) ist der Anbau der Getreidearten Einkorn *(Triticum monococcum)*, Emmer *(Triticum dicoccon)* und mehrzeilige Gerste *(Hordeum vulgare)* sowie der Hülsenfrüchte Ackerbohne *(Vicia faba)* und Linse *(Lens culinaris)* nachgewiesen. Außerdem barg man dort Reste der essbaren Acker-

Foto auf Seite 25:

Der Fluss Unstrut in Roßleben in Thüringen.
Nach diesem linksseitigen,
etwa 192 Kilometer langen Nebenfluss der Saale
ist die Unstrut-Gruppe
(etwa 1300/1200 bis 800 v. Chr.) benannt.

unkräuter Roggentrespe *(Bromus secalinus)* und Windenknöterich *(Polygonum convolvulus)*. In Erfurt-Nord kamen Emmer, Gerste, Rispenhirse *(Panicum miliaceum)* und Leindotter *(Camelina sativa)* zum Vorschein. Aus Leindotter ließ sich Öl für technische und für Speisezwecke herstellen. Auf der Altenburg bei Nebra/Unstrut sind Gerste und Emmer sowie Ackerbohne, Erbse *(Pisum sativum)* und Linse belegt.

Die Ackerbauern schnitten das reife Getreide meistens mit bronzenen Sicheln. Derartige Erntegeräte kamen mehrfach in großer Zahl in Depots vor. Allein zum Depot von Frankleben[12] (Kreis Merseburg-Querfurt) gehören insgesamt 235 komplette Knopfsicheln und zwei Bruchstücke von solchen. Das Depot 1 von Braunsbedra[13] (Kreis Merseburg-Querfurt) enthielt 84 bronzene Sicheln, das Depot von Schkopau[14] (Kreis Merseburg-Querfurt) 36 Knopfsicheln und das Depot von Kretzschau-Groitzschen[15] (Burgenlandkreis) in Sachsen-Anhalt etwa 50 Knopfsicheln.

Als typische Keramikformen der Unstrut-Gruppe gelten Schulterwulstamphoren, Terrinen mit Warzenbuckeln, konische Schalen, Teller mit Turban- und gezipfeltem Rand sowie Tassen und Näpfe. Die Tongefäße sind mit Warzenbuckeln, Rillen, senkrechten oder steilschrägen Riefen, Ringabrollungen, Einstichen und Kerbreihen verziert.

Tönerne Formen für den Guss von Ringen wurden in Pößneck-Schlettwein (Saale-Orla-Kreis) gefunden, wo Hinterlassenschaften der Unstrut-Gruppe zusammen mit Relikten der Osterländischen Gruppe der Lausitzer Kultur geborgen werden konnten. Die Gussformen kamen zusammen mit massiven rundstabigen Hals-, Arm- und Beinringen zum Vorschein.

Zum Formenspektrum der bronzenen Werkzeuge gehörten Knopf- und Zungensicheln, Lappen- und Tüllenbeile sowie Messer und Sägen. Zwei Bruchstücke einer Säge mit einem Loch am Ende hat man vor 1880 in Burgholzhausen (Burgenlandkreis) entdeckt. Aus Hirschgeweih angefertigte Geweihhämmer liegen aus Jena-Wöllnitz (ein Exemplar) und Erfurt-Melchendorf (zwei Exemplare) vor. An letzterem Fundort wurden des weiteren zwei Knochenpfrieme und die durchbohrte Klinge einer Steinaxt mit fünfeckigem Umriss geborgen.

Die Männer der Unstrut-Gruppe waren vor allem mit Lanzen bewaffnet, daneben aber auch mit Pfeil und Bogen sowie merklich seltener mit importierten bronzenen Schwertern.

Die hölzernen Pfeilschäfte wurden sowohl mit knöchernen als auch mit bronzenen Pfeilspitzen bewehrt. Knöcherne Pfeilspitzen hat man in Jena-Wöllnitz und Pößneck-Öpitz (Saale-Orla-Kreis) gefunden.

Das in Bothenheilingen[16] (Unstrut-Hainich-Kreis) entdeckte Depot eines Händlers umfasste sechs Schwerter. Davon sind zwei Möriger Schwerter (80,1 und 64,8 Zentimeter lang), zwei Auvernier-Schwerter (84,5 und 73,1 Zentimeter) und zwei Antennenschwerter (84,1 und 65,2 Zentimeter). Die Möriger und Auvernier-Schwerter wurden nach Funden aus Seeufersiedlungen in der Schweiz benannt.

Die Bergung eines weiteren Depots importierter Schwerter gelang im thüringischen Kehmstedt[17] (Kreis

Zeichnungen auf Seite 29:

Bronzetassen aus Pößneck-Schlettwein
(Saale-Orla-Kreis) in Thüringen.
Durchmesser der Tasse vom Typ Kirkendrup (unten)
13,3 Zentimeter.
Originale im Thüringischen Landesamt
für Archäologische Denkmalpflege, Weimar

29

Nordhausen). Es bestand aus sieben Schwertern und einer Lanzenspitze, alle mit der Spitze in dieselbe Richtung weisend. Das längste Schwert misst 76 Zentimeter. Dieses Waffendepot lag frei im Boden und wird als Weihegabe an eine höhere Macht interpretiert. Zum in den 1870-er Jahren aufgefundenen Altmetalldepot von Schmiedehausen (Kreis Weimarer Land) gehörte sogar die beschädigte rechte Wangenklappe eines bronzenen Helmes. Sie hat zwei Löcher am oberen und eines am unteren Ende. Verziert ist sie mit zwei den Rand begleitenden Perlbuckelreihen.

Von Menschen der Unstrut-Gruppe sind manchmal metallene Gefäße importiert worden. Besonders eindrucksvoll belegt dies das Depot von Braunsbedra[18] (Kreis Merseburg-Querfurt) mit sieben Bronzetassen vom Typ Fuchsstadt, zwei Bronzetassen mit Sternmuster vom Typ Osternienburg-Dresden und einer Schöpfkelle.

Im Depot von Pößneck-Schlettwein[19] fanden sich unter anderem drei getriebene Bronzetassen. Eine davon entspricht dem Typ Fuchsstadt, dem eine andere gleicht, während die dritte dem Typ Jenisovice-Kirkendrup zugerechnet wird.

Zu den bronzenen Schmuckstücken der Unstrut-Gruppe zählen neben den bereits erwähnten Nadeln auch Hakenspiralen, gedrehte Halsringe, Schmuckscheiben (Phaleren) und dünne Ringe. In den Körpergräbern von Erfurt-Melchendorf kamen häufig als Haar- und Ohrschmuck angefertigte Gehänge aus ineinandergefügten kleinen Draht- und Blechringen zum Vorschein.

Außer metallenen Schmuckstücken trug man auch Muschelschmuck (Dreitzsch, Saale-Orla-Kreis, Erfurt-Melchendorf, Münchenroda, Stadt Jena). Die durchbohrte Muschelschale aus Erfurt-Melchendorf stammt von der heimischen Teichmuschel *(Anodonta cygnea)*.

Die oft paarweise gefundenen Hakenspiralen – je eine größere und eine kleinere – dienten wohl zum Zusammenhalten des Gewandes. Ebenfalls nicht geklärt ist die Trageweise der dünnen Ringe von Erfurt-Steiger und Erfurt-Flughafen. Sie könnten als Kopfschmuck in der Ohrgegend, ein- oder beidseitig im Haar oder an einem Band getragen worden sein. Möglicherweise hingen sie auch an durchbohrten Ohrläppchen, wie auf späteren tönernen Gesichtsurnen zu sehen ist.

Aus der Gegend von Großbrembach[20] (Kreis Sömmerda) in Thüringen kennt man einen Fahrweg jener Zeit. Darauf hinterließ ein Wagen mit einem Radabstand von einem Meter eine 25 Meter lange Spur.

Im Verbreitungsgebiet der Unstrut-Gruppe waren Körperbeerdigungen in Steinkisten und Steinpackungsgräbern sowie Brandbestattungen üblich. Die Steinpackungen lagen in Flach- oder Hügelgräbern. Das Hügelgräberfeld von Auleben[21] (Kreis Nordhausen) umfasste mehr als 200 Grabhügel, von denen die meisten in die jüngere Bronzezeit gehören. Bei Brandbestattungen diente des öfteren eine tönerne Terrine als Behältnis für den Leichenbrand.

Männer wurden häufig zusammen mit ihrer Lanze auf dem Scheiterhaufen verbrannt. Von der Waffe blieb nur die bronzene Spitze erhalten, die man zusammen mit einer Nadel und einem Armring ins Grab legte. Frauen dagegen sind mehrfach mit zwei verzierten bronzenen Hakenspiralen und einer Nadel ausgestattet worden. Sowohl in Körper- als auch in Brandgräbern fanden Tongefäße als Beigaben Verwendung. Ein Brandgrab von Erfurt-Melchendorf enthielt 13 Beigefäße, die auf dem ausgestreuten Leichenbrand standen.

Als bisher größtes Gräberfeld der Unstrut-Gruppe gilt der Friedhof von Erfurt-Melchendorf, Fundstelle Wiesenhügel III[22], mit 79 untersuchten Gräbern. Davon waren 58 Körper- und 21 Brandgräber mit und ohne Steinschutz. Ursprünglich sollen dort nach Schätzungen des Ausgräbers Bernd W. Bahn aus Weimar etwa 150 bis 200 Beisetzungen vorgenommen worden sein.

Die Umrisse der Steinpackungsgräber mit Körperbe-stattungen von Erfurt-Melchendorf sind in der Mehr-zahl langrechteckig, oval oder rhombisch. Unter ihnen befanden sich muldenförmige Grabgruben. Auf diesem Friedhof wurden auffallend viele Kinder bestattet. Einmal hat man eine Mutter zusammen mit ihrem Kind beerdigt.

Das Gräberfeld von Erfurt-Waltersleben[23], nach dem die eingangs erwähnte Walterslebener Gruppe be-zeichnet ist, lag auf dem Flurstück Toter Mann. Dort sind schon 1881 die ersten Steinkistengräber und Gräber mit losem Steinschutz untersucht worden. Zwischen 1881 und 1901 kamen dort insgesamt 13 Gräber zum Vorschein.

Der Friedhof auf dem früheren Flughafen in Erfurt-Nord umfasste 46 überwiegend aus Kalkstein errichtete

Grabanlagen. Auf ihn war man 1926 bei Planierungsarbeiten für den Flughafen am Südabhang des Roten Berges gestoßen. Die Gräber wurden von dem Altertumsforscher Ernst Lehmann untersucht.

In einem Grab aus jener Zeit bei Altengottern[24] (Unstrut-Hainich-Kreis) in Thüringen konnten Spuren von Grabräubern ermittelt werden. Die Frevler hatten einen Schacht zum Grab vorgetrieben, um dort wertvolle metallene Beigaben zu stehlen. Dabei zerstörten sie teilweise Skelette und warfen Grabbeigaben durcheinander. Bei Altengottern ist möglicherweise der erste direkt nachgewiesene Beraubungsschacht aus der Urnenfelder-Zeit entdeckt worden.

Zum Kult der Unstrut-Gruppe gehörten Geschirropfer, aus menschlichen Unterkiefern angefertigte Amulette, Menschenopfer und vermutlich auch rituell motivierter Kannibalismus.

Als Geschirropfer werden die Keramikreste in einer 1,20 Meter tiefen Grube mit einem Durchmesser von 1,50 Metern von Dreitzsch[25] (Saale-Orla-Kreis) gedeutet. Dieser Fundort war sowohl von Angehörigen der Unstrut- als auch der Osterländischen Gruppe der Lausitzer Kultur besiedelt worden.

In Jena-Wöllnitz[26] wurde ein aus einem menschlichen Unterkiefer angefertigtes Amulett gefunden. Es ist mit einem eingeritzten Radkreuz verziert, das vielleicht ein Sonnensymbol darstellte.

Einzelne im Siedlungsabfall von Erfurt-Nord vorhandene menschliche Knochen oder Knochenteile mit Schlag- und Brandspuren gelten als Zeugnisse kannibalischer Bräuche. Sie wurden zusammen mit verkohltem Getreide entdeckt und – wie erwähnt – fälschlicherweise der Knovízer Kultur zugeordnet.

Relikte kannibalischer Rituale lagen auch in zwei Siedlungsgruben der Altenburg bei Nebra/Unstrut in Sachsen-Anhalt. Zu dieser Auffassung gelangte der damals in Halle/Saale arbeitende Prähistoriker Dietrich Mania nach der Untersuchung der dortigen Funde.

In einer Grube fanden sich die Skelettreste eines Menschen, dem der Kopf abgetrennt sowie die Arme und Beine bis auf Stümpfe abgeschnitten oder abgeschlagen worden waren. Wie Brandspuren belegen, sind der vermutlich ausgeweidete Torso, der Schädel und die Schultergürtelteile gebraten worden. Den erhitzten Schädel hat man geöffnet, um das Gehirn zu entnehmen, und das so zubereitete Opfer offenbar verzehrt. Anschließend hat man die noch im Skelettverband befindlichen Reste bestattet.

In einer anderen Grube der Altenburg wurde ein vereinzeltes Schädelstück mit verkohlten Bruchrändern ausgegraben. Auch dieser zusammen mit großen Mengen gerösteten Getreides und Hülsenfrüchten geborgene Fund stammt wahrscheinlich nicht von einer regulären Bestattung.

Auf rituellen Kannibalismus lassen außerdem je ein »zerrupftes« Skelett bei Collenbey nahe Schkopau[27] (Kreis Merseburg-Querfurt) und von Schkortleben[28] (Kreis Weißenfels) schließen.

Bei Collenbey sind mehrere Gruben aufgedeckt worden, in denen sich eine große Anzahl von Scherben, Tierknochen, darunter zwei größtenteils erhaltene Rinderskelette, sowie Knochenreste von vier Erwachsenen und zwei Kindern fanden. Entweder sind diese Menschen unter Beigabe der Scherben und Tierknochen in den Gruben bestattet oder in diese zusammen mit Abfall geworfen worden. Letzteres hielt Ernst Lehmann für wahrscheinlicher. Er meinte, es handle sich um Leichen von Sklaven oder anderen Personen niedrigen Standes.

Unfassliches spielte sich von der mittleren bis zur späten Bronzezeit/frühen Eisenzeit (etwa 1600 bis 800 v. Chr.) vor und in manchen Höhlen des Kyffhäusers nahe Bad Frankenhausen[29] (Kyffhäuser-Kreis) in Thüringen ab. Dort wurden unter freiem Himmel und in Höhlen makabre Rituale abgehalten, bei denen man Tier- und Menschenfleisch verzehrte.

Von diesen Vorgängen zeugen in der Höhle 1 aufgeschlagene Menschenknochen mit Schnitt- und Feuerspuren. Dabei handelte es sich vor allem um Skelettfragmente von Jugendlichen und Kindern, die zusammen mit Tierresten in die Höhle geworfen wurden.

Im Spalt der Höhle 9 lagen Schweine-, Ferkel-, Ziegen-, Rinderknochen, Menschenwirbel sowie Reste von Fackeln, die wahrscheinlich in die Kluft hinabgeschleudert worden waren. Der Boden der von der Höhle 4 aus erreichbaren Höhle 9 war mit vertrocknetem Gras und Moos gepolstert.

Zum Fundgut gehören Gürtel aus Rinde, Spanschachteln, ein Holzbrett, auf dem Fleisch geschnitten wurde, Fladenbrot, Fackelreste, Schnüre aus Menschenhaaren und ein Menschenschädel. Nach Ansicht

Zeichnung auf Seite 37:

Der Kyffhäuser von Tilleda aus gesehen.
Tuschezeichnung zu Anfang des 19. Jahrhunderts
aus dem Nachlass von Erika Meyer, geb. Heußinger.
Vor und in manchen Höhlen des Kyffhäusers
nahe Bad Frankenhausen (Kyffhäuser-Kreis)
in Thüringen wurden
von der mittleren bis zur späten Bronzezeit/frühen Eisenzeit
(etwa 1600 bis 800 v. Chr.)
unter freiem Himmel und in Höhlen
makabre Rituale abgehalten,
bei denen man Tier- und Menschenfleisch verzehrte.

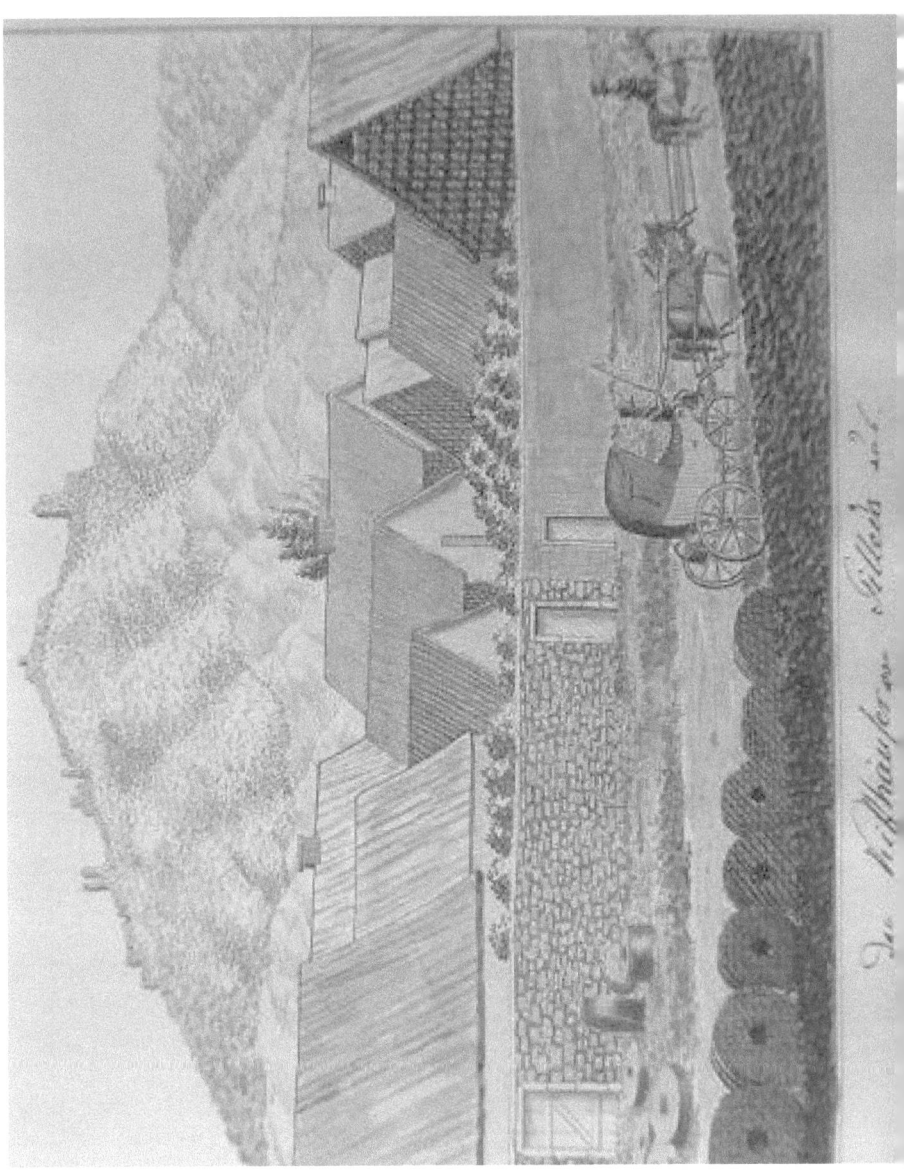

Der Prähistoriker
Günter Behm-Blancke (1912–1994) aus Weimar
hat die Höhlen des Kyffhäusers
bei Bad Frankenhausen in Thüringen
systematisch erforscht.
Dort wurden in der Bronzezeit
Menschenopfer und Kannibalismus praktiziert.

des Ausgräbers Günter Behm-Blancke (1912–1994) aus Weimar haben dort Frauen eine Kultversammlung abgehalten und Opfergaben dargebracht.

Der Spalt der Höhle 10 enthielt Speisereste, Tier- und verstreute Menschenknochen. Die Knochenschichten waren teilweise mit Steinen bedeckt, die man vermutlich nach dem Mahl und der Versenkung in den Spalt der Höhle geworfen hatte.

Eine genaue kulturelle Zuordnung der Funde in den Kyffhäuserhöhlen bei Bad Frankenhausen zu einer Bevölkerungsgruppe ist bisher unmöglich. Fest steht nur, dass es sich um einen über viele Jahrhunderte in bestimmten Abständen genutzten überregionalen heiligen Platz handelte, wo ganz unterschiedliche Rituale abgehalten wurden. Der Schwerpunkt lag sicherlich in der späten Bronzezeit.

Anmerkungen

Die Spätbronzezeit in Deutschland
1] Die Zusammenstellung dieser Übersicht über die
Verbreitung und Zeitdauer von Kulturen der Spätbronzezeit entstand mit Hilfe der Prähistoriker Friedrich Laux vom Hamburger Museum für Archäologie,
Hamburg-Harburg, Berthold Schmidt vom Landesmuseum für Vorgeschichte, Halle/Saale, und Rolf
Breddin vom Brandenburgischen Landesmuseum für
Ur- und Frühgeschichte, Potsdam.

Die Unstrut-Gruppe
1] Der Begriff »Kultur des Friedhofes auf dem Erfurter Flughafen« wurde von dem Studienrat Ernst
Lehmann (1893–1950) aus Erfurt in seinem Vortrag bei
der 10. Tagung für Vorgeschichte in Magdeburg (2. bis
7. September 1928) vorgeschlagen. 1929 folgte die
Veröffentlichung in der Publikation Mannus, VII.
Ergänzungsband.
2] Der Name »Die Kultur der thüringischen Steinpackungsgräber« wurde 1935 von dem Prähistoriker
Hellmut Agde (1909–1940) aus Halle/Saale verwendet.
3] Die Siedlung von Erfurt-Nord wurde 1926 entdeckt.
4] Über die Siedlung von Weimar-Belvedere hat 1934
der Prähistoriker Gotthard Neumann (1902–1972) aus
Jena berichtet. 1976 fand der Gartendirektor der dortigen
Baumschule, Jürgen Jäger, bronzezeitliche Scherben und
zwei Webgewichte, worauf 1977 das Museum für Ur-

41

und Frühgeschichte Thüringens, Weimar, eine Nachgrabung durchführte.

5] Auf dem Felsenberg bei Pößneck-Öpitz erfolgten zwischen 1880 und 1900 kleinere Grabungen durch den Arzt Richard Loth aus Erfurt und den Bankbeamten August Fischer aus Pößneck.

6] Auf dem Gleitsch bei Saalfeld hat 1831 der damals in Ranis arbeitende Arzt Georg Wilhelm Adler (1788–1858) eine erste Grabung vorgenomen. Bisher kamen dort wenige bronzezezeitliche Funde zum Vorschein.

7] Die erste Umwallung auf dem Alten Gleisberg bei Graitschen stammt vermutlich aus der jüngeren Bronzezeit um 1200 v. Chr. Sie wurde schon 1909 von dem Prähistoriker Alfred Götze (1865–1948) aus Berlin, dem Gymnasialoberlehrer a. D. und Museumsleiter Paul Höfer (1845–1914) aus Wernigerode und dem Arzt Paul Zschiesche (1849–1919) aus Erfurt in dem Werk »Vor- und frühgeschichtliche Altertümer Thüringens« erwähnt

8] In der Befestigung auf dem Jenzig bei Jena-Wenigenjena wurden im November 1856 von dem Kunsthistoriker Friedrich Klopfleisch (1831–1898) aus Jena Untersuchungen vorgenommen.

9] In der Befestigung auf dem Johannisberg bei Jena-Lobeda wurde vom 12. Juni bis Juli 1957 vom Vorgeschichtlichen Museum der Universität Jena ein Suchschnitt durchgeführt.

10] Auf der Altenburg bei Nebra/Unstrut haben 1962 und 1969 die Prähistoriker Volker Toepfer (1908–1989) und Dietrich Mania, beide aus Halle/Saale, gegraben. Dass dort eine bronzezeitliche Burg gestanden hatte, wurde erst während der Grabung von 1969 erkannt.

11] Auf dem Dohlenstein bei Kahla-Löbschütz wurden ab 1930 in einem Steinbruch vor allem durch den Lehrer und Bodendenkmalpfleger Kurt Trommler (1904–1980) aus Kahla zahlreiche Objekte geborgen.

12] Ende Juni 1946 wurde auf dem Braunkohletagebau der Grube Michel bei Frankleben ein Hort von 17 Sicheln geborgen, die in etwa 40 Zentimeter Tiefe in einem kleinen Gefäß lagen. Am 5. Juli 1946 stieß der Bagger an derselben Stelle auf einen weiteren Hort. In einem Tongefäß lagen 93 Sicheln und zwei Lappenbeile. Der Baggerführer Anton Wesp, der schon den Hort 1 und 2 entdeckt hatte, grub weiter und fand etwa einen Meter nordwärts den Hort 3. Letzterer umfasste 130 Sicheln und zwölf Lappenbeile, die in einem Tongefäß lagen, das mit vier Steinplatten bedeckt war. All diese Funde werden im Landesmuseum für Vorgeschichte, Halle/Saale, aufbewahrt.

13] Das Depot 1 aus Braunsbedra wurde 1906 auf der Galgenbreite beim Ausheben einer Grube entdeckt. Das Depot 2 kam 1952 bei Ausschachtungsarbeiten zum Vorschein.

14] Das Depot von Schkopau wurde 1911 beim Pflügen entdeckt.

15] Das Depot im Ortsteil Groitzschen von Kretzschau wurde 1825 beim Roden gefunden.

16] Das Depot von Bothenheilingen wurde 1931 beim Ausheben einer Rübenmiete zutage gefördert.

17] Das Depot von Kehmstedt kam im September 1906 beim Chausseebau zum Vorschein.

18] s. Anm. 13

19] Das Depot von Pößneck-Schlettwein wurde 1958 beim Sandabbau freigelegt, irrtümlich als heutiger Schrott betrachtet und erst 1964/65 durch Günter Möbes vom Museum für Ur- und Frühgeschichte Thüringens, Weimar, als bronzezeitliches Depot erkannt.

20] Der Fahrweg aus der Gegend von Großbrembach wurde 1986 bei einer Grabung des Museums für Ur- und Frühgeschichte Thüringens, Weimar, entdeckt.

21] Das Hügelgräberfeld von Auleben wurde schon 1930 von dem damals am Landesmuseum für Vorgeschichte, Halle/Saale, tätigen Prähistoriker Paul Grimm (1907–1993) erwähnt.

22] Auf die Fundstelle Erfurt-Melchendorf, Wiesenhügel III, stieß man, als ein etwa vier Meter tiefer und sieben bis acht Meter breiter Graben zur Verrohrung des Rabental-Baches ausgebaggert wurde. Dabei haben Erfurter Bodendenkmalpfleger mehrere Brand- und Körpergräber mit Steinschutz entdeckt. Ende Juli 1982 begann eine Rettungsgrabung unter Leitung des Weimarer Prähistorikers Bernd W. Bahn, die 1983 fortgesetzt wurde.

23] Die ersten Gräber von Erfurt-Waltersleben wurden 1881 untersucht. Zwischen 1881 und 1901 kamen insgesamt 13 Gräber zum Vorschein.

24] Im März 1989 entdeckten die Prähistoriker Wulf Walther und Ingolf Schwedler von den Mühlhäuser Museen auf dem Hügel »Häufler« bei Altengottern zahlreiche beim Pflügen zum Vorschein gekommene

ur- und frühgeschichtliche Objekte. Bei den anschlie-
ßenden Geländeuntersuchungen konnten auch mehrere Körpergräber der Unstrut-Gruppe ausgegraben
werden.

25] In Dreitzsch (Schmerhügel) hat 1936 Gotthard
Neumann (s. Anm. 4) 140 Brandgräber ausgegraben.

26] Das Amulett von Jena-Wöllnitz wurde 1920 gefunden.

27] Das »zerrupfte« Skelett von Collenbey bei Schkopau wurde im Dezember 1925 entdeckt.

28] Das »zerrupfte« Skelett von Schkortleben (Fundstelle »In der Gutsscheune«) wurde 1914 von dem
damals am Landesmuseum für Vorgeschichte, Halle/
Saale arbeitenden Prähistoriker Walther Schulz (1887–
1982) entdeckt.

29] Die Höhlen und Klüfte des Kyffhäuser-Gebirges
bei Bad Frankenhausen wurden ab 1950 durch den
Weimarer Prähistoriker Günter Behm-Blancke (1912–
1994) untersucht. Er war ab 1947 Direktor des
Städtischen Museums für Urgeschichte, Weimar, und
ab 1952 Direktor des Museums für Ur- und Frühgeschichte Thüringens, Weimar.

Literatur

Die Spätbronzezeit in Deutschland
FILIP, Jan: Urnenfelderkultur. Aus: FILIP, Jan (Herausgeber): Enzyklopädisches Handbuch zur Ur- und Frühgeschichte Europas, Band 2, S. 1555, Stuttgart 1969
HORST, Fritz: Die Stämme der Lausitzer Kultur und des Nordens in der jüngeren Bronzezeit. Aus: HERRMANN, Joachim (Herausgeber): Archäologie in der Deutschen Demokratischen Republik, Denkmale und Funde, Band 1, S. 98–105, Stuttgart 1989
JOCKENHÖVEL, Albrecht: Die Bronzezeit. Aus: FRITZ, Rudolf-Herrmann / JOCKENHÖVEL, Albrecht (Herausgeber): Die Vorgeschichte Hessens, S. 195–243, Stuttgart 1990
KOLLING, Alfons: Späte Bronzezeit an Saar und Mosel, Saarbrücken 1968
METZLER, Alf / WILBERTZ, Otto Mathias: Bronzezeit. Aus: HÄSSLER, Hans-Jürgen (Herausgeber): Ur- und Frühgeschichte Niedersachsens, S. 155–192, Stuttgart 1991
PESCHEL, Karl: Die Gliederung der jüngeren Bronzezeit in Thüringen. Aus: COBLENZ, Werner / HORST, Fritz (Herausgeber): Mitteleuropäische Bronzezeit. Beiträge zur Archäologie und Geschichte, S. 87–120, Berlin 1978
SCHINDLER, Reinhard: Jüngere Bronzezeit (1200–700 v. Chr.). Aus: Führer durch das Rheinisches Landesmuseum Trier, S. 13–14, Trier 1968

SCHMIDT, Berthold: Die jungbronzezeitlichen
Stämme im Elbe-Saale-Gebiet. Aus: COBLENZ,
Werner / HORST, Fritz (Herausgeber): Mitteleuro-
päische Bronzezeit. Beiträge zur Archäologie und
Geschichte, S. 122, Berlin 1978
STRUVE, Karl W.: Die jüngere Bronzezeit.Geschichte
Schleswig-Holsteins. Aus: STRUVE, Karl W. /
HINGST, Hans / JANKUHN, Herbert: Von der
Bronzezeit zur Völkerwanderungszeit, Band 2, S. 97–
144, Neumünster 1979
WAGNER, Karin: Studien über Kulturgruppierungen
der Urnenfelderzeit im Saale-Unstrut-Gebiet. Jahres-
schrift für mitteldeutsche Vorgeschichte, Band 66, S.
31–49, Halle/Saale 1983
WEBER, Gesine: Die Urnenfelderzeit. Aus: Händler,
Krieger, Bronzegießer. Bronzezeit in Nordhessen. Vor-
und Frühgeschichte im Hessischen Landesmuseum in
Kassel, Heft 3, S. 102–133, Kassel 199

Die Unstrut-Gruppe
AGDE, Hellmut: Kultur der thüringischen Steinpa-
ckungsgräber der Bronzezeit, Halle/Wittenberg
1935
BAHN, Bernd W.: Neue Gräberfelder und Siedlungen
der Urnenfelderzeit von Melchendorf, Stkr. Erfurt.
Ausgrabungen und Funde, Band 28, Heft 5, S. 231–237,
Berlin 1983
BARTHEL, Sonja: Unstrut-Gruppe. Aus: Typentafeln
zur Ur- und Frühgeschichte der DDR, Weimar 1972
BEHM-BLANCKE, Günter: Ernst Lehmann †. Alt-
Thüringen, Band 1, 1953/54, S. 337–338, Weimar 1955

BEHM-BLANCKE, Günter: Höhlen, Heiligtümer, Kannibalen. Archäologische Forschungen im Kyffhäuser, Leipzig 1958

BRUNN, Wilhelm Albert von: Probleme thüringischer Burgwälle. Germania, Jahrgang 27, S. 113–184, Frankfurt/ Main 1943

BRUNN, Wilhelm Albert von: Der Schatz von Frankleben und die mitteldeutschen Sichelfunde. Prähistorische Zeitschrift, Band 36, S. 1–70, Berlin 1958

ECKARDT, Christine: Der Bronzefund von Schmiedehausen, Kr. Apolda. Alt-Thüringen, Band 6, S. 300–310, Weimar 1963

FEUSTEL, Rudolf: Ein Bronzetassen-Depot aus dem Orlagau. Ausgrabungen und Funde, Band 12, Heft 5, S. 258–262, Berlin 1967

FISCHER, August: Zur Vorgeschichte der Stadt Pößneck und ihrer Umgebung, Heft 6 der Schriften des Vereins für Meininger Geschichte und Landeskunde, Pößneck 1889

FRÖHLICH, Siegfried: Studien zur mittleren Bronzezeit zwischen Thüringer Wald und Altmark, Leipziger Tieflandsbucht und Oker. Veröffentlichungen des Braunschweigischen Landesmuseums, Braunschweig 1983

KAUFMANN, Hans: Die vorgeschichtliche Besiedlung des Orlagaus, Leipzig 1963

LAPPE, Ursula R.: Eine urnenfelderzeitliche Siedlung von Weimar-Belvedere. Ausgrabungen und Funde, Band 23, Heft 5, S. 224–232, Berlin 1978

LAPPE, Ursula R.: Die Urnenfelderzeit in Osthüringen und im Vogtland. I: Katalog und Tafeln. Weimarer

Monographien zur Ur- und Frühgeschichte, Band 7, Weimar 1982

LAPPE, Ursula R.: Die Urnenfelderzeit in Osthüringen und im Vogtland. II: Auswertung. Weimarer Monographien zur Ur- und Frühgeschichte, Band 6, Weimar 1986

LAPPE, Ursula R.: Die Besiedlung Ostthüringens während der jüngeren Urnenfelderzeit. Veröffentlichungen des Museums für Ur- und Frühgeschichte Potsdam, Band 20, S. 53–62, Potsdam 1986

LEHMANN, Ernst: Unsere Heimat in vorgeschichtlicher Zeit. Mitteilungen des Vereins für die Geschichte und Altertumskunde von Erfurt, Heft 34, S. 205, Erfurt 1927

LEHMANN, Ernst: Der bronzezeitliche Friedhof auf dem Erfurter Flughafen. Mannus, Band 20, S. 54–78, Leipzig 1928

LEHMANN, Ernst: Knowiser Kultur in Thüringen und vorgeschichtlicher Kannibalismus. Mannus, VII. Ergänzungsband, S. 107–122, Leipzig 1929

LEHMANN, Ernst: Ein neuer bronzezeitlicher Grabfund von Waltersleben mit Geweberesten. Mitteilungen des Vereins für die Geschichte und Altertumskunde von Erfurt, Band 46, S. 9–17, Erfurt 1930

LEHMANN, Wolfram: Altertumsforscher Ernst Lehmann (1893–1950). Erfurter Heimatbrief, Nr. 44, S. 44-46, Erfurt 1982

LIMPERT, Wilhelm: Der Bronzeschatzfund von Bothenheilingen (Kr. Langensalza). Jahresschrift für die

Vorgeschichte der sächsisch-thüringischen Länder, Band 19, S. 45–54, Halle/Saale 1931

MANIA, Dietrich: Eine jungbronzezeitliche und eine jüngere Befestigungsanlage auf der »Altenburg« bei Nebra (Unstrut). Jahresschrift für mitteldeutsche Vorgeschichte, Band 55, S. 169–188, Halle/Saaale 1971

MÖBES, Günter: Vorgeschichtliche und mittelalterliche Wagenspuren in den Kreisen Sömmerda und Weimar. Ausgrabungen und Funde, Band 31, Heft 5, S. 213–216, Berlin 1986

NEUMANN, Gotthard: Der Burgwall auf dem Johannisberge bei Jena-Lobeda. Kurzbericht über die Ausgrabung des Vorgeschichtlichen Museums der Universität Jena 1957. Ausgrabungen und Funde, Band 4, S. 246–251, Berlin 1959

NEUMANN, Gotthard: Der Burgwall auf dem Johannisberge bei Jena-Lobeda. Kurzbericht über die Ausgrabung des Vorgeschichtlichen Museums der Universität Jena 1959. Ausgrabungen und Funde, Band 5, S. 246–251, Berlin 1960

PESCHEL, Karl: Die vor- und frühgeschichtliche Besiedlung des Dohlensteines bei Kahla-Löbschütz, Ldkr. Jena. Ungedruckte Diplom-Arbeit, Jena 1956

PESCHEL, Karl: Unstrutgruppe und Hügelgräbergrundlage. Aus: COBLENZ, Werner / HORST, Fritz (Herausgeber): Mitteleuropäische Bronzezeit. Beiträge zur Archäologie und Geschichte, S. 91–105, Berlin 1978

SCHMIDT, Berthold: Unstrutgruppe. Die jungbronzezeitlichen Stämme im Elbe-Saale-Gebiet. Aus: COBLENZ, Werner / HORST, Fritz (Herausgeber):

Mitteleuropäische Bronzezeit. Beiträge zur Archäologie und Geschichte, S. 134, Berlin 1978

SCHMIDT, Berthold: Zur Lage neolithischer und bronzezeitlicher Hügelgräber und Hügelgräberfelder im Gelände. Ausgrabungen und Funde, Band 31, Heft 4, S. 164–166, Berlin 1986

SCHULTZE-MOTEL, Jürgen: Jungbronzezeitliche Kulturpflanzenreste aus Nebra (Unstrut). Jahresschrift für mitteldeutsche Vorgeschichte, Band 57, S. 127–137, Halle/Saale 1973

SCHUMACHER, Matthäus / WILBERTZ, Otto Mathias: Wilhelm Albert von Brunn (1911–1988). Prähistorische Zeitschrift, Band 64, S. 1–4, Berlin 1989

SPEITEL, Eva: Der Übergang von der Hügelgräberkultur zur Unstrutgruppe in Thüringen. Aus: Beiträge zur Geschichte und Kultur der mitteleuropäischen Bronzezeit, Teil II, S. 443–467, Berlin/Nitra 1990

SIMON, Klaus: Ur- und frühgeschichtliche Höhensiedlungen auf dem Jenzig bei Jena. Alt-Thüringen, Band 9, S. 16–94, Weimar 1967

TREBGE, Friedrich Wilhelm: Gründer und bedeutende Mitglieder des Vogtländischen Altertumsforschenden Vereins zu Hohenleuben: Diakonus Wilhelm Börner (1788 bis 1855), Dr. Wilhelm Adler (1788 bis 1858). Jahrbuch des Museums Hohenleuben-Reichenfels, Heft 33, S. 75–80, Hohenleuben 1988

WAGNER, Karin: Studien über Kulturgruppierungen der Urnenfelderzeit im Saale-Unstrut-Gebiet. Jahresschrift für mitteldeutsche Vorgeschichte, Band 66, S. 31–49, Halle/Saale 1983

WALTHER, Wulf / SCHWEDLER, Ingolf: Der »Häufler« bei Altengottern – Ein bedeutender ur- und frühgeschichtlicher Fundplatz im Kreis Mühlhausen. Mühlhäuser Beiträge, Heft 13, S. 7–17, Mühlhausen 1990

WANICZEK, Klaus: Altfunde vom Gleitsch bei Saalfeld-Obernitz. Rudolstädter Heimathefte, 36. Jahrgang, Heft 1/2, S. 36–43, Rudolstadt 1990

ZSCHIESCHE, Paul: Grabstätte aus der Bronzezeit bei Waltersleben, Kreis Erfurt. Mitteilungen des Vereins für die Geschichte und Altertumskunde, Band 5, S. 287– 291, Erfurt 1887

ZSCHIESCHE, Paul: Gräberfeld aus der Bronzezeit bei Waltersleben, Kreis Erfurt. Jahresschrift für die Vorgeschichte der sächsisch-thüringischen Länder, Band 1, S. 116–124, Halle/Saale 1902

Bildquellen

Der Autor Ernst Probst

Ernst Probst, geboren am 20. Januar 1946 in Neunburg vorm Wald im bayerischen Regierungsbezirk Oberpfalz, ist Journalist und Wissenschaftsautor. Er arbeitete von 1968 bis 1971 als Redakteur bei den »Nürnberger Nachrichten«, von 1971 bis 1973 in der Zentralredaktion des »Ring Nordbayerischer Tageszeitungen« in Bayreuth und von 1973 bis 2001 bei der »Allgemeinen Zeitung«, Mainz. In seiner Freizeit schrieb er Artikel für die »Frankfurter Allgemeine Zeitung«, »Süddeutsche Zeitung«, »Die Welt«, »Frankfurter Rundschau«, »Neue Zürcher Zeitung«, »Tages-Anzeiger«, Zürich, »Salzburger Nachrichten«, »Die Zeit", »Rheinischer Merkur«, »Deutsches Allgemeines Sonntagsblatt«, »bild der wissenschaft«, »kosmos«, »Deutsche Presse-Agentur« (dpa), »Associated Press« (AP) und den

»Deutschen Forschungsdienst« (df). Aus seiner Feder stammen die Bücher »Deutschland in der Urzeit« (1986), »Deutschland in der Steinzeit« (1991), »Rekorde der Urzeit« (1992), »Dinosaurier in Deutschland« (1993 zusammen mit Raymund Windolf) und »Deutschland in der Bronzezeit« (1996). Von 2001 bis 2006 betätigte sich Ernst Probst als Buchverleger sowie zeitweise als internationaler Fossilienhändler und Antiquitätenhändler. Insgesamt veröffentlichte er mehr als 100 Bücher, Taschenbücher, Broschüren und E-Books.

Bücher von Ernst Probst

Affenmenschen
Von Bigfoot bis zum Yeti

Annie Oakley
Die Meisterschützin des Wilden Westens

Archaeopteryx. Der Urvogel aus Bayern

Christl-Marie Schultes. Die erste Fliegerin in Bayern
(zusammen mit Theo Lederer)

Cortés und Malinche. Der spanische Eroberer
und seine indianische Geliebte

Das Dinotherium-Museum Eppelsheim
Führer durch die Ausstellung
(zusammen mit Dr. Jens Lorenz Franzen
und Heiner Roos)

Der Europäische Jaguar

Der Mosbacher Löwe
Die riesige Raubkatze aus Wiesbaden

Der Rhein-Elefant
Das Schreckenstier von Eppelsheim

Der Schwarze Peter
Ein Räuber im Hunsrück und Odenwald

Der Ur-Rhein
Rheinhessen vor zehn Millionen Jahren

Deutschland im Eiszeitalter

Deutschland in der Frühbronzezeit

Deutschland in der Mittelbronzezeit

Deutschland in der Spätbronzezeit

Die Dolchzahnkatze *Megantereon*

Die Bronzezeit

Die Aunjetitzer Kultur in Deutschland

Die Straubinger Kultur in Deutschland

Die Adlerberg-Kultur

Die nordische Bronzezeit in Deutschland

Die Hügelgräber-Kultur in Deutschland

Die Bronzezeit in der Lüneburger Heide

Die Stader Gruppe in der Bronzezeit

Die Urnenfelder-Kultur in Deutschland

Die Lausitzer Kultur in Deutschland

Die Dolchzahnkatze *Smilodon*

Die Säbelzahnkatze *Machairodus*

Die Säbelzahnkatze *Homotherium*

Die Schweiz in der Frühbronzezeit

Die Schweiz in der Mittelbronzezeit

Die Schweiz in der Spätbronzezeit

Dinosaurier in Deutschland. Vom *Efraasia*
bis zu *Sellosaurus*

Dinosaurier von A bis K. Von *Abelisaurus*
bis zu *Kritosaurus*

Dinosaurier von L bis Z. Von *Labocania*
bis zu *Zupaysaurus*

Eiszeitliche Geparde in Deutschland

Eiszeitliche Leoparden in Deutschland

Frauen im Weltall

Höhlenlöwen. Raubkatzen im Eiszeitalter

Johann Jakob Kaup
Der große Naturforscher aus Darmstadt

Julchen Blasius. Die Räuberbraut des Schinderhannes

Königinnen der Lüfte in Deutschland

Königinnen der Lüfte in Europa

Königinnen der Lüfte in Amerika

Königinnen der Lüfte von A bis Z

Königinnen des Tanzes

Malende Superfrauen

Meine Worte sind wie die Sterne
Die Entstehung der Rede des Häuptlings Seattle
(zusammen mit Sonja Probst)

Monstern auf der Spur. Wie die Sagen über Drachen,
Riesen und Einhörner entstanden

Österreich in der Frühbronzezeit

Österreich in der Mittelbronzezeit

Österreich in der Spätbronzezeit

Pompadour und Dubarry. Die Mätressen
von Louis XV.

Raub-Dinosaurier von A bis Z.
Mit Zeichnungen von Dmitry Bogdanav
und Nobu Tamura

Rekorde der Urmenschen
Erfindungen, Kunst und Religion

Rekorde der Urzeit
Landschaften, Pflanzen und Tiere

Säbelzahnkatzen. Von *Machairodus*
bis zu *Smilodon*

Säbelzahntiger am Ur-Rhein. *Machairodus*
und *Paramachairodus*

Seeungeheuer
Von Nessie bis zum Zuiyo-maru-Monster

Superfrauen aus dem Wilden Westen

Superfrauen 1 – Geschichte

Superfrauen 2 – Religion

Superfrauen 3 – Politik

Superfrauen 4 – Wirtschaft und Verkehr

Superfrauen 5 – Wissenschaft

Superfrauen 6 – Medizin

Superfrauen 7 – Film und Theater

Superfrauen 8 – Literatur

Superfrauen 9 – Malerei und Fotografie

Superfrauen 10 – Musik und Tanz

Superfrauen 11 – Feminismus und Familie

Superfrauen 12 – Sport

Superfrauen 13 – Mode und Kosmetik

Superfrauen 14 – Medien und Astrologie

Tony und Bruno Werntgen. Zwei Leben
für die Luftfahrt (zusammen mit Paul Wirtz)

Zenobia von Palmyra. Eine Frau kämpft
gegen die Römer

Bestellungen bei: http://www.grin.com